Néctar en letras

Colmena de poesía

Sebastián Jiménez

@CSebastianJimenezz

sus mejores Poemas

Prosas Versos frases

Este libro está dedicado a todas aquellas personas que apoyaron su proceso, quienes me depositaron y llenaron de confianza en este hermoso camino de la literatura.

También agradezco infinitamente a todas las personas que se han sumado en mi camino, dándome su mano, corrigiendo mis pasos en falso.
Gracias a mi familia, y a los que enriquecieron mi conocimiento, Carolina Castaneda, Lorena Otálvaro, Lic. Ma. Adíela Londoño Sánchez, kryss y María Paz Polo.

Índice.

Me di cuenta que escribir me hace feliz, que es lo que más disfruto hacer en mi vida, que es por ahí, por donde debo avanzar en busca del éxito, porque caminaba por este mundo, incluso sin saber que era un camino, porque siempre avanzaba en él, aunque nadie me observara, aunque nadie me empujara o guiara.

Porque cuando me llega una idea para escribir, me quita el sueño, así esté a punto de dormir.

Porque es en ese momento, cuando todo mi ser se integra en el instante y cada parte se sumerge en su papel, tanto, que a veces lloro, suspiro o río mientras escribo.

Siento lo que imagino o recuerdo y lo plasmo en letras mientras de alguna forma lo vivo.

Néctar en letras, colmena de poesía, es un libro donde recopilo mis mejores poemas a lo largo de diez años, letras dulces y amargas, pensamientos orbitando las sensaciones del amor.

Una poesía escasa de erudición y abundante en sentimiento, escrita más desde el alma que desde lo intelectual, donde muchas veces logra tocar esa parte del ser que empaña la mirada.

Comentarios.

Lic. Ma. Adiela Londoño Sánchez
Presidenta Colectivo Literario AMECP
(Asociación Literaria de Mujeres Escritoras Cartago.
"Crisálida Poética".)

Donde pueda haber una colmena, la labor se fortifica y en un libro, el aroma de la inspiración envía un llamado a los amantes de la bella poesía. Encontrar el sonido y la expansión del sentimiento, es una fortuna para quien teje en su vuelo la vibración de metáforas que rodean gustosas este trabajo.
He conocido hace poco al autor: Sebastián Jiménez. (@CSebastianJimenezz) De su valioso compartir de deseos, de amor y desamor, desde su alma la cera moldeada de su sencilla fantasía llega a mis manos para deleitar cada alvéolo de su valiosa colmena poética.
Con alas propias "A veces la tierra hace el papel de miedo, sufrimiento y dolor. Saltas a las manos de un amor que te ata a su costado con un laso tejido de ilusiones, y vuelas alegres entre la plenitud del cielo, hasta que el tiempo pone a prueba la finura de eso que lo ata en torno al amor." De allí la simplicidad para expresar mágicamente la ilusión de polinizar sus ideas y

endulzar con suspiros, prosas que se quedan en el alma de quien las lee.

Así, página tras página cada celdilla de esta colmena, se impregna de los versos antojados como néctar que se esparcen por el sendero de su grato andar como juglar del universo. "Las fracturas del alma, las sanas con tu amor, las sientes a Ella…herida, maltratada, dolida y lastimada para llegar después de tanto tiempo, aun así, el amor pervive en su alma". Entonces cada poema mieliza el sabor de la amada estancia, surgiendo el ardor y entusiasmo de sus letras.

Es grato concluir este breve comentario, para invitar a los lectores a descubrir lo que el escritor en su faena como abeja de un panal destila gratitud por lo que sueña. FELICITACIONES.

Lorena Otàlvaro.

Gestora Cultural.

Medellín. Colombia.

A mí me gustan los poetas que se parecen a sus poemas, y este es el caso del libro "Néctar en letras, colmena de poesía" de Sebastián Jiménez, sus escritos vestidos de un aroma que nos lleva a los brazos de un amor con sentido, donde se comprende la habilidad para dar el resultado a líneas que motivan a vivir el suspiro y las mariposas que se cosen en la mente y las alas de quienes deciden perderse en sus letras. Alumno de la locura, de los sueños y de las fantasías. Auspicia una razón de amar y ser amado, aquí en cada letra nos permite evaluar el sentir que une a un ser con otro para deslizar la mirada en cada página y colgar en el perchero de nuestra alma la oportunidad de contemplar cada gesto que crea su esperanza de saber ser leído.

Carolina Castaneda.

Santa Ana. El Salvador.

Sebastián Jiménez nos promete llevar paso a paso por senderos llenos de los más bellos sentimientos. En cada poema no utilizó tinta, ya que cada letra ha sido escrita con su corazón. La obra describe cada sentimiento de manera única, pura y sencilla; llevándote a lugares mágicos donde las palabras desbordan la ilusión de un genio en retratar al amor.

La pasión con la que Sebastián describe sus emociones, te cautivará de principio a fin en "Colmena de poesías" de su corazón.

PROSAS

Y así vive el romanticismo, en el silencio y anonimato, no le interesa como a la ira, demostrar quién es el más bravo, solamente quiere sentir la realidad de un -te amo- y así como para pelear necesitas contagiar de ira a la otra persona y armar un duelo, así mismo podrías contagiar el romanticismo a tu pareja y vivir los dos, del amor, lo más bueno.

Esa belleza que no ves.

Dices que no eres tan hermosa y estás muy lejos de la realidad, si pudiera me quedaría ciego por un instante y te prestaría mis ojos, para que te observes, no desde la costumbre sino desde el asombro, y comprendieras lo sublime del traje con que Dios vistió tu alma.
Tu piel es como un gran pétalo que envuelve todo tu cuerpo, tierna, frágil, poderosamente atractiva, donde quieras que te encuentres no pasas desapercibida, Dios con su gran poder dotó a los ángeles de inmensas virtudes y tú fácilmente puedes dotarlos de celos con solo mirarte, ni siquiera Afrodita escapa a esta afirmación, ella te convertiría en la constelación de la belleza, para que no ocupes en el Olimpo su lugar y Zeus solo pueda contemplarte al verte brillar en las alturas. Ay mujer, si hubieses vivido en la época donde grandes escritores le daban vida a los mitos y leyendas, de seguro harías parte de una, en la cual en alguna parte diría "Ella se adentró en la naturaleza, los pájaros cantaron en su honor, el sol brilló con intensidad, mariposas revoloteaban a su alrededor, la vegetación al escuchar tanto alboroto por un ser pasar, quiso observar, pero no tenía como, Dios vio la vegetación y se compadeció, y les dio la capacidad de tener ojos por cierto tiempo, entonces en la naturaleza surgieron por primera vez las flores, las abrieron para observarla pasar, y cada especie quiso un poco de su belleza imitar, agarraban sus hojas y les daban

una forma y color especial, la colocaban rodeando sus ojos, con la esperanza de que aquella mujer las volteara a mirar, cada una hizo su mejor esfuerzo, surgiendo entre todas una gran variedad de flores, algunas plantas tristes al no verla pasar, ya sabiendo la magnitud de su belleza por los rumores, llamaron a mariposas, abejas, colibríes, ... para que les entregara cumplidos a aquella mujer, que transitaba por esos campos durante tres meses y se demoraba nueve meses en volver a pasar. Desde aquel entonces, la naturaleza sigue haciendo lo mismo en su honor, y cada planta guarda la esperanza de tener la oportunidad de verla en algún momento".

Lágrimas de hombre.

Y llore con mi alma de niño, un llanto silencioso ya en el cuerpo de un hombre, mirándola a ella dormida, viva, hermosa, tibia y palpitante, palpé con mis dedos los rincones de su piel, como buscando un punto exacto que me abriera la entrada a su corazón, a esa bóveda que guarda su esternón, ahí, donde mi amor llegó, siguiendo la ruta de un camino de ilusiones, pero como siempre, toda ilusión termina desvaneciéndose al paso del tiempo, y él quedo atrapado, al mirar atrás solo vio un vacío, y se quedó ahí, en un punto ciego, un desierto densamente neblinoso, que no le permite ubicarse, puede moverse sin

encontrar nada nuevo, solo ese vacío por donde llegó.
Si tan solo supiera que la solución es que salté, tirarse por
eso borde significa renunciar a eso que busca sin
resultados, reconocer que su existencia ya no pertenece a
ese lugar, que no hay nada ahí para él, solo confusión y
soledad.
Yo lo visito de vez en cuando, abrazo su cárcel, y siento
eso en ella que es tan mío, le llamo, le grito que salte, pero
el ama tanto ese vacío lugar, que piensa que no hay más
para   habitar.
No hay una entrada secreta para llevármelo a la fuerza, ni
tampoco   se   atreve   a   saltar.
No me queda más que retirarme una vez más, con un
pecho incompleto desordenando mi vida, con mi alma
cansada, llorando de impotencia por no lograr recuperar
esa parte de su ser, esa que le falta para disfrutar de una
existencia   en   plenitud.
Me retiro amablemente porque sé que ella no es culpable
de   nada.
Quizás solo sea el arma con que dispara el karma.

Amor decadente.

De nuevo estoy frente a ella, como si nada,
camuflo mi nostalgia con seriedad,
miro fijamente su almohada,
como queriendo preguntarle, si ella también me extraña
en su soledad.

Ella me mira, preguntándome cómo me va,
sé que es un protocolo de amabilidad,
le digo: "bien, la vida en buen rumbo me lleva",
cuando eso está muy lejos de la realidad.

La miro y noto que no está cómoda,
aún mis sentidos recuerdan sus gestos y ademanes
cuando algo anda mal.
Cómo no recordar, si los entrené para hablar con su
cuerpo y mirada,
incluso hasta hoy siguen atentos a ella, aunque nada sea
igual.

Confirmo mis sospechas y busco una aromática donde sé
que las guarda,
mientras el agua hierve no puedo evitar pensar en lo que
fue,
saber que de todas esas palabras lindas que un día me
dijo, no queda nada,

Mientras yo intento desvanecer esto que siento y sin
poderlo evitar sigue vigente, me pregunto ¿por qué?

Pensarla todos los días, no sé si es enfermedad o
costumbre,
Alegrarme cada día, al verla en línea y saber que sigue
viva,
Saber que aún puedo ver su belleza bajo la luz que la
cubre,
Conformarme con eso, aunque ella me sea indiferente y
hasta esquiva.

Algo si tengo claro, aunque suene extraño,
No anhelo tener nuevamente su amor,
Aun sintiendo que la sigo queriendo, después de todo el
daño,
quizás es un blindaje contra la desilusión y su dolor.

Le llevo la aromática y me agradece,
mis ojos recorren su cuerpo disimuladamente,
mis sentimientos se sienten como quien recorre el hogar
donde nació, pero que ya no le pertenece.
Con esa impotencia de no poder poseer eso que conocen
y saben su funcionamiento detalladamente.

Mientras hago ese favor que me pidió,
noto esa parte de su cuerpo que se mueve como gritando
"tiempo, pase rápido",

le digo que lo que falta ya en mi casa puedo continuarlo, no duda en decirme que está de acuerdo, ella se dirige a la cocina y yo a la puerta, y desde allá me despido.

Camino por la calle, me pongo los audífonos y música a todo   volumen, intentando evitar que mi mente saque conclusiones de todos los detalles tristes que percibió y aún en mí arden, antes nos despedíamos de besos en la boca, recién terminado   de   abrazo, ahora de un chao distante, sin ni siquiera mirarnos y mover el brazo.

Hagamos el amor.

Hagamos el amor, sin importar nuestro pasado o futuro, entreguémonos como un regalo a nuestro presente, como si fuera nuestra primera y última vez, olvidémonos de cualquier signo del tiempo y fuguémonos a la eternidad. Escribe con tus labios en mi cuerpo que me amas más y yo te responderé que te amo mejor, viste mi piel de pasión con tus caricias, mientras yo desnudo mi alma para unirme a la tuya, penetrando en el calor de tu ser, sintiéndome en ti un alma completa, mírame, mientras nos balanceamos sobre nuestro amor, uniendo ese brillo en los ojos que encandilan de éxtasis nuestra existencia, ese brillo que es como un pequeño sol que surgió del caos de nuestro ser, empezando como chispa de simpatía, generada en el choque de dos corazones y ahora es todo un universo de sentimientos que giran en su entorno, creemos con esa luz de nuestras miradas un agujero de gusano blanco entre nuestro interior y sus universos, dos universos paralelos que comparten la misma historia desde sus creaciones, donde se influyen y coexisten en diferentes espacios la misma realidad, estando conectados por un hilo invisible de amor. Abracémonos, con más que los brazos, enredemos nuestros cuerpos, como si quisiéramos imitar la fundición de nuestras almas en esa eternidad, como si tu cuerpo buscara su alma extraviada en mi interior y yo en el tuyo. Mientras ellas unidas arden al hacer el amor, que se expandan nuestros universos, ocupando más caos con su existencia, generando más espacio para que nuestros sentimientos crezcan y se expresen con más fuerza y libertad, hagamos el amor y él se encarga de construir espacio para nuestra felicidad.

Recuerden, almas que me leen: El amor no se hace con cualquiera, es cuestión de entregar el alma no el cuerpo, "enamorados"
(en amor dados), en el mismo amor los dos. Cada vez que entregamos el cuerpo a alguien que no habita en nuestro corazón, generamos una conexión a ese universo en nosotros, un agujero negro que se consume la luz del amor que pueda haber y absorbe todo lo creado a su paso, llevándolo poco a poco devuelta a la nada.

El amor una batalla perdida.

Esta vez tocó el amor a mi puerta, con un "hola" disfrazado de amistad, invitándome a algo tan simple como lo es conversar, pero rápidamente su magia se hizo notar, al convertir una simple charla en un agradable momento, donde el tiempo se contagió con mi alegría y dejo de caminar, decidiendo volar.

Lo reconocí, era el amor y su cómplice Cupido, buscado en mi ser una ventana para volver a flechar mi corazón, pero sabía muy bien que no era lo debido en el momento, pues aún tenía mi corazón herido, así que le dije a mi miedo, que escondiera mi corazón, en un lugar que no lo encontrara por ninguna razón.
Pero el amor no da guerra por perdida, es tan hábil como el agua esquivando obstáculos buscando metida y aunque tenía mis sentidos en guardia, ante cualquier intento de entrada de un sentimiento, esta vez el amor la supo hacer, pues no tenía en su poder cualquier persona que simplemente camina, escogió a una esencia llena de hermosas virtudes, a un ángel en la tierra con la capacidad de volar.
Y así fue, burló mi seguridad con algo que no me esperaba, voló con sus alas hechas de virtudes y aterrizó suavemente en mi corazón, como si tuviera pies de algodón, lo miró con compasión y le pidió silencio, poniendo su dedo índice en sus labios sinceros, se acercó a su oído y con una voz impregnada de ternura le susurró -no te pediré que camines de nuevo conmigo en la vida, solo te pido que te dejes sanar, pues las heridas infringidas por un amor, sólo otro amor las puede curar, ya que somos veneno y a la vez antídoto y así como las personas no puedes elegir cuando enamorase o dejar de amar, el amor tampoco puede elegir qué papel jugar en alguien, pues sólo somos mensajeros de la vida, que a cada quien da lo que merece.

Mi corazón miró su belleza, con ojos tristes y en el fondo una poco de esperanza, mientras ella con puntadas de cariño fue tejiendo su heridas con esa ternura conque una madre atiende el dolor de su niño, con cada puntada que daba, con cada herida cerrada, mi corazón más su confianza le daba y de repente le dio a ella el mando de sus latidos, le dio la capacidad para acelerarlos, porque sin heridas abiertas se sentía de nuevo vivo. De esta forma le dio nuevamente poder sobre mi ser y mandó mi razón al carajo, tomando las riendas de sus latidos, creando la necesidad de su presencia a mis sentidos, al llenarlos de cariño, dicha y alegría. Allí me di cuenta que la batalla contra el amor, es una batalla perdida.

Amor jubilado.

¿Cómo no enviarte detalles? ¿cómo dejar de pensarte? si cada vez que tienes oportunidad me estallas en la cara tu gran corazón, después de todo, mi locura tiene razón, dar por conquistar siempre es esperar algo a cambio, pero dar por agradecer, es saber apreciar incluso lo que ya no se pueda tener y la verdad cuando se siente que alguien aportó tanto en nuestra vida, no queda más que dar, sin ni siquiera pensar en recibir. ¿Cómo pagar algo que nos dieron por amor? si eso que nos dieron carece de valor, y no porque no valga, sino porque el dinero es tan poca cosa a su lado, que es un

insulto ponerle algún precio, cómo pagar a Jesús su sacrificio, si sus actos aún repercuten en mi vida. Algo así siento por ti, y no te comparo con El, solo hacen parte de ese amor de agradecer y sé que es amor, por lo lindo de sí mismo, pero es un amor libre, existe por sí solo, no se sustenta en ti.
Cada vez que me alejo, porque mi ego juzga y se pelea con tu ego, ese amor termina ganando la batalla.
Es un amor diferente, pero manchado con los mismos egos, ese ego de pertenencia que tanto mal me hace, ¡quién más me ha hecho sufrir!
Si me enterara hoy que esa mujer que ocupó mi corazón antes de ti se casó, o tuvo un hijo, mi día transcurriría normal, incluso me alegraría, después de todo, son sueños que muchos tenemos.
Pero si fuera tu caso, lloraría... y se me hace un nudo en la garganta de solo pensarlo. Y me pregunto, ¿por qué? Quizás porque sé que ya no te debo enviar un detalle.
Quizás porque aunque siento mi corazón mejor, algunos de mis egos siguen heridos.
Quizás porque eres esa única persona que siempre ha estado presente a pesar de todo, en las buenas y malas, ayudándome o alagándome con tu gran corazón y quizás cuando tengas tu familia, te entregues a ella como bien lo sabes hacer y ya no haya nadie ahí, en esos momentos donde tú solías estar.
Quizás, quizás, quizás...

Ha de ser ese el temor, que hizo ese nudo en la garganta
en   mis   ojos   estallar.
Lo que sí sé, es que aunque ya no espero nada a cambio,
sigo amando lo que te nace dar.

Divina mujer.

A veces me pongo a observar a la mujer y comprendo por
qué fue lo último en la creación, al hombre lo colocó Dios
como rey sobre la naturaleza y aunque útil, lo sintió vacío,
como vegetación sin flores, era como la noche, un poco
simple con un encanto lejano en las alturas del cielo.
Volvió a observar todo en la creación y vio todo en orden,
no había necesidad de crear una criatura más, el hombre
cumplía perfectamente su papel, pero notó algo, había
noche y día, cielo y tierra, un equilibrio de fuerzas, pero el
hombre estaba solo y no sería justo que todo contara con
su par menos él, pero ya había creado lo necesario, así que
decidió hacer su última creación, partiendo del hombre,
lo durmió y en sus sueños le preguntó qué era lo que más
admirada de la creación? Y él le contó que se sorprendía
como, una planta podía tener partes tan frágiles y
hermosas como un pétalo y a la vez, tener algo tan fuerte
como su tallo, el cielo le parecía misterioso y divino, como
si el universo a través de un gran ojo lo observara, lo
sentía como su única compañía, capaz de seguirlo a
cualquier lugar del mundo, también le gustaba el viento y

su brisa, era como una tierna caricia que lo reconfortaba, y así aquel primer hombre le contó a Dios todo lo que admiraba de la creación.

A lo que Dios le respondió: Estoy orgulloso de ti, de tu inteligencia para lograr apreciar los hermoso de lo que he creado, todo aquí tiene su pequeñas porciones de amor, que hacen grandes diferencias.

Voy reunir lo mejor de todo lo que he creado, incluyéndote, para que reine junto a ti, sacare una de tus costillas para que recuerdes que en el fondo son uno solo, aunque sea vean como un par, tendrá todas las virtudes que admiras, para que la ames como parte de ti, les daré a los dos el poder de procrear juntos, serán seres independientes, pero serán más fuertes unidos, mientras se sepan acompañar.

No perderás tu capacidad de reinar solo, pero si reinas junto a ella, reinarás mejor, porque ella poseerá lo mejor de la creación.

Ahora despierta y conoce la condensación de la belleza del universo en un solo ser, tu reina, la mujer.

Con razón eres tú tan misteriosamente encantadora, si fuiste nuestro primer sueño, sí eres nuestra bendición, vivir sin ti, sin todo lo que eres, es como vivir sin sentidos.

No eres tú, soy yo.

Tenemos que hablar, me dice por teléfono, con un tono seco y serio, me pregunto si he hecho algo malo, y no encuentro nada, me asaltan las dudas, me quitan el sueño y vuelven mi realidad una pesadilla, mil ¿qué será? y ni una sola respuesta segura.

Llego a aquel café y está sentada, mirando el celular, con su pie derecho balanceándose como síntoma de afán o inconformidad.

-Hola amor- la saludo

-Hola- me responde a secas y me esquiva el beso en sus labios, un escalofrío recorre mi cuerpo y siento esa sensación de estar al borde de un vacío, en ese gesto resume todo.

¿Qué pasa? Le pregunto asombrado con mi voz quebrantada.

-Perdóname, no eres tú soy yo- con esa frase siento que me voy por ese vacío, en caída libre, empieza a decir cosas de mí buenas, a desearme lo mejor, como para amortiguar la caída, cuando para mí lo mejor y bueno de mi vida es ella.

¿Vuelves con él, cierto? Le pregunto mientras tomo su mano y la miro a los ojos, -sí- me responde y agacha su mirada a la vez retira su mano de la mía.

¿Estás segura de hacerlo después de todo lo que viviste con él?

Sí, simplemente lo amo.

Los conozco a los dos también que sé que no te merece,
eres demasiado para él, y tú, Dios dime dónde otra cómo
tú, para dejarte ir sin que te lleves mi corazón.

Ve, se feliz, vive la experiencia, ten el hijo y la familia que
sueñas mientras dure, porque él será un pilar en falso, el
punto de quiebre de tus sueños.

Mientras no encuentre otra mujer tan valiosa como tú en
mi camino, te esperaré, vales los meses o años necesarios,
quisiera evitarte ese dolor, pero mis palabras no tienen
tanta fuerza como las de la vida y ojalá, ojalá me
equivoque y él te vea como su amor, no como un trofeo y
cambie su forma de ser por ti, no creo en los milagros,
ojalá ustedes me hagan creer en ellos.

Ve amor mío, vive tu experiencia, mientras mi corazón lo
permita te esperaré porque lo vales, no te preocupes por
mí mientras seas feliz y cuando dejes de serlo, preocúpate
por los dos, porque sabes muy bien que, con solo ver tu
rostro y mirada, sé lo que te sucede.

¿y por qué me esperarías?

Guardo silencio, tomo el último sorbo de café, la tomo de
su mano con mis dos manos, la miro fijamente, acerco mi
rostro y le digo en voz baja y clara:

Porque él será la universidad donde aprenderás a amar
como yo.

Me paro y me voy sin mirar atrás.

Hijo.

El día que me enteré que esperaba tu llegada a la vida en mi vientre, fue como si Dios plantara en mi existencia el significado de la felicidad, desde ese mismo instante mi vida empezó a girar en torno a ti, el amor que muchas veces malgasté en fugaces ilusiones, lo reclamé en silencio y lo deposité en mi vientre. Empecé a preparar todo para tu llegada, mientras imaginaba cómo sería mi bendición.

El día que naciste, aunque sentí un dolor nunca antes vivido, tan intenso que me invitaba a ver esa luz al final del túnel, pero sabía que llegabas tú, mi cielo y no quería saber de ningún otro cielo, sin importar el dolor que había que aguantar por ti, sé que es el único que vale la pena soportar.

Cuando naciste reiniciaste mi vida, tú mi bebé, me diste el título de madre y yo juré mirándote con mis manos puestas en el corazón de mi alma, poner mi ser a la disposición de tu bien, renunciar a muchos de mis placeres, horas de sueño, superar límites y hacerme más fuerte y a la vez más amorosa, acompañarte en el camino de la vida, apoyándote en los obstáculos que ella presenta, verte cumplir tus sueños y tomar con responsabilidad las riendas de tu vida.

Hijo, eres mi amor con principio y sin final, lo más

hermoso que tengo en mi vida, que me hace feliz y me das fuerzas para luchar.

Alas propias.

A veces la tierra hace el papel de miedo, sufrimiento y dolor. Saltas a las manos de un amor que te ata a su costado con un lazo tejido de ilusiones y vuelas alegre entre la plenitud del cielo, hasta que el tiempo pone a prueba la finura de eso que lo ata en torno al amor y aquellos que no sobreviven, se precipitan con gran velocidad atraídos por esa fuerza que ejerce una gravedad que nos hace chocar con la tierra, terminando heridos, a veces solo con la suficiente fuerza para arrastrarnos por la vida, mientras nuestro ser se cura, porque no solo es un cuerpo que se lastima, también surge fobia a la altura, por eso hay que aprender a tejer unas alas con nuestro propio amor y así volar junto a alguien, no por alguien, unir los lazos y volar en paralelo, sin nudos fuertes que desestabilicen nuestro vuelo o nos obliguen a tomar rumbos que no hacen parte de nuestros deseos. Tener esa libertad que dan las propias alas, esa inmunidad frente al mundo y si amamos la vida en primavera, emigrar como aves, lejos del invierno.

¿Y qué le ves a ella?

Amigo, ella, tan simple para tus ojos y para los míos tan bella, es un mundo andante donde habita mi amor, tiene su propio cielo el cual adoro y ese infierno que siempre temo despertar.

Es tan sorprendente cuando la conoces, detrás de su ternura y dulzura que le hacen ver como débil, hay un alma fuerte, fundida en metales preciosos, que maravillan cuando te sumerges en su ser, es una fuerza que contagia y empuja, sus abrazos, caricias y besos, son ese refugio donde mi armadura destrozada por la lucha en este mundo se regenera, sus palabras llenas de amor, son ese fuego que alienta el mío a arder y no deja que se apague ante las tormentas de la vida. Si no fuera por ella, muchas de mis metas realizadas, quizás aún seguirían siendo sueños.

Su cuerpo me encanta, quizás ves todo normal, sin mucho que fascine tus sentidos, como una selva que poco provoca ingresar, al principio estaba inconforme, pero ella así se ama, no es ese jardín hermoso, que atrae inevitablemente y muchos desean al verlo, robar y llevarse una flor, un beso, una pizca de esa belleza; pero no están ahí cuando ese jardín necesita agua y depurar sus malezas.

En cambio ella, es autosuficiente, tiene su propio manantial que incluso calma mi sed, sus flores no están a simple vista, pero también son terriblemente bellas, poseen esa virtud exótica de lo poco explorado que las hacen tan especial y único para mí. Unas de las cosas más lindas que tiene su amor para mí, es que está conmigo sin necesitarme, es alguien consciente de que su amor es meritorio y de alguna forma tengo la suerte de disfrutarlo. Recuerdo el día que unimos nuestras almas por primera vez, pocas veces mis sentidos colapsaron con el placer de esa forma, la sensación fue tan sublime, que en el fondo de mi creo una amnesia, la cual borró mis antiguos amores del inconsciente, en ese acto se robó parte de mis ojos, esa parte que miraba otras mujeres. Ella logró despertar tanta pasión en mí, que con la más mínima insinuación se me erecta las ganas de hacerle el amor, estar con ella es como un baile sensual tantas veces bailado, con una milimétrica sincronización, donde todos los sentidos disfrutan envolviéndose en placer, bebiendo un amor embriagante que logra hacer alucinar. Ella, amigo, es en el amor un manjar de dioses perdido en la tierra, camuflado en una mortal.

El romanticismo vive.

En mi día a día hablo con muchas personas por diferentes medios, cuanto se enteran de mis pensamientos, escritos y forma de ser romántica, normalmente me dicen, que eso ya no se ve, que poco importa ya el romanticismo, el verdadero amor, está en peligro de extinción, incluso dicen que ha muerto.
Muchas veces pensé que era así, pero un día de repente caminando en un parque, vi a varias parejas compartiendo, vi el romanticismo en las caricias que se daban, en la forma que se miraban, en los besos que saboreaban con sus ojos cerrados y me di cuenta que el romanticismo está vivo y latente en el aire, como lo está el aroma de una flor, pero si no eres consciente de él y no te acercas a olerlo, simplemente para ti no existe, porque no lo vives ni lo sientes.
El amor no hace ruido como si lo hace la ira y violencia, una luna de miel no será noticia, como sí lo es una violación, con tu pareja si le gritas y peleas con ira, hasta los vecinos se pueden enterar, pero si la abrazas por la espalda, entrelazas sus manos, besas suavemente su hombro escotado y le dices al oído cuanto la amas, lo más probable es que los vecinos no se enteren.
La ira, aleja los corazones, por eso tienen que gritarse: el amor los acerca, por eso a veces solo es necesario palabras susurrar.
La ira toca el cuerpo a toda velocidad para lastimarlo, el

amor lo hace suave y lento para acariciarlo. Y así vive el romanticismo en el silencio y anonimato, no le interesa como a la ira demostrar quién es el más bravo, solamente quiere sentir la realidad de un -te amo- y así como para pelear necesitas contagiar de ira a la otra persona y armar un duelo, así mismo podrías contagiar el romanticismo a tu pareja y vivir los dos, del amor, lo más bueno.

Por eso pienso que el romanticismo no ha muerto, es como un sabio silencioso que no le interesa la bulla que hace el mal y la ira. Él está en hermosas inspiraciones de diferentes artistas; escritos, melodías, canciones, pinturas ... Ahí, en el aire, para que un corazón abierto lo perciba, está en mí y en ti y en toda la creación, es como un estado más del amor, vívelo, contágialo, disfrútalo y sobre todo no esperes nada a cambio, porque de eso no se trata. Yo he dado poemas que nunca fueron leídos, he regalado flores que las abandonan y las dejan en el olvido y así muchos actos que no fueron correspondidos, pero no me importa, lo seguiré haciendo hasta con aquella mujer que me diga que es de corazón frío. No hay que negar que también en ellos he sido correspondido y los más hermosos momentos en él, he vivido.

Así que se romántico o romántica si te nace y no esperes nada a cambio, después de todo el romanticismo es parte del amor y el amor es libre y desinteresado.

Llegaste.

Llegaste, así como si nada, y poco a poco fuiste haciendo de todo en mi vida, secando con suaves caricias la sangre de mis heridas, mis lágrimas no volvieron a brotar, tú las absorbiste con tus sonrisas antes de que en mis ojos pudieran llegar, armaste mi corazón fraccionado a solo tacto, sin ver el motivo de su rompimiento, como si supieras por experiencia que hay mil formas de golpearlo y destrozarlo, pero una sola forma de reconstruirlo.

Reuniste sus pedazos con paciencia, día a día me decías te quiero, te cuido, te extraño, te valoro, te respeto, sin ni siquiera nombrar las palabras, escribiéndolo con tu cuerpo en el papel de mi vida, para que mi alma lo leyera y mi corazón le escuchara.

Hasta que por fin lograste rehabilitar mi amor y una vez armado dispuesto a dártelo todo, lo paras y le dices, no ames este cuerpo, te lo pido por favor, porque si lo haces así, sería en vano el haberte curado, ama los valores de mi ser, porque fueron ellos lo que te ayudaron, no lo que mi boca te pudiera decir y prometer, porque el mundo está hecho de actos y no de palabras, siempre mira los actos de una persona y no andes a tientas confiando en lo que otros lanzan al viento, pues lo más seguro es que caerás en ese abismo de desilusión, que suele desarmarnos, anda sobre lo físico, lo sólido, las simples palabras nunca lo serán.

Te reconstruí porque tus ruinas demostraban que vales, logré ver que eres como yo, de los que arman y no destruyen, eso, eso es lo importante a la hora de la verdad, porque destruir cualquier cosa es muy sencillo, pero armar es todo un arte que no cualquiera logra dominar.
Si nace tu amor por mí, amémonos, no para siempre, solo para ser felices.

La duda del amor.

A veces se duda mucho para decir "te amo" por primera vez, es un miedo inconsciente, como si con esa palabra se entregara las llaves de nuestro ser y de esa forma tomarán control sobre nosotros, más que uno mismo, incluso esa parte que al parecer nunca controlamos, late por sí solo, y eso como que le da la independencia para latir por quien quiera y hasta cuando quiera.
Esa palabra cuando no se pronuncia por costumbre sino por sentir, al parecer tiene el poder de sincronizar emociones, pensamientos, sentimientos, actos en pro de quien se ama, son un equipo, se estimulan, dopan y entregan sin reserva, todos disfrutan al son del amor. Pero cuando ese amor que se vuelve como un sol que ilumina nuestra alegría, la felicidad y todos sus colores, se

marcha y las sombras empiezan a ganar territorio en el ser, se vuelve realidad aquel miedo guardado, todo esa parte de nosotros que trabajaba como equipo, se sienten perdidos ante la oscuridad, ciegos ante cualquier belleza de la vida, se culpan, se atacan, se atormentan y todo se vuelve un desastre, cada uno tiene pesadillas a su modo y su ruido quita la tranquilidad a quien lograba descansar del sin sabor, de alguna forma no hay control, lo tiene la persona a quien le decimos "amor".

De ahí la importancia de amarnos, la palabra "amor", cuando se pronuncia con un sentir, es realmente poderosa, por eso no solamente hay que decir "te amo", también es muy Importante decir "me amo", así tendremos una copia de esa llave que mueve todo ese equipo de sensaciones en nosotros, evitando que surja un caos en uno, por la ausencia de alguien.

Si amas y te amas a la vez, no hay nada que temer, si amar es buscar la felicidad del ser que se ama a toda costa, siempre tendrás por quien luchar y lo verás sonreír todos los días en tu espejo, no importa si estás con la alegría de una compañía a tu lado, o con la libertad de pareja, guiñándote un ojo, coqueteando con tu belleza de forma espontánea.

La mujer que amo.

La mujer que amo tiene curvas peligrosas, donde la perfección suele resbalarse, golpearse con la realidad de una piel que hace brillar mis pupilas, perdiendo el sentido de su existencia.

Su belleza es atemporal, sin medida, fuera de la compresión de cualquier ciencia, circula en esos campos donde solo el alma es testigo, ahí oculta a los sentidos, es como el aire, muchas veces imperceptible, pero siempre vital, así es su belleza para mi amor.

Ella es sencilla y elegante a la vez, elegante por sí misma, como una flor que no necesita adornos llamativos para cautivar, le bastan las cualidades dotadas por el creador, su inteligencia me reta y complementa, navegamos juntos en charlas que evocan diferentes temas. Maneja la dosis perfecta entre locura y seriedad, no le importa comer un perro sentados en un andén, o un exquisito plato en un glamuroso lugar, le encanta la cocina, el baile y los buenos libros.

La mujer que amo habitó mis sueños antes de estar en mi vida y cuando apareció, unificó en los dos su existencia.

Mi viejo.

Mi viejo camina lento como aquel atleta que desgastado va llegando a la meta, con un bastón que a través de su mano le da una mano a su columna vertebral, el tiempo vivido parece pesar sobre su cuerpo, quien se rinde poco a poco más ante la gravedad, su piel que fue lienzo templado, hoy sus espacios están llenos de arrugas, manchas y una que otra cicatriz, como si fueran un idioma encriptado en su figura que narra su biografía detalladamente, su cabello que brillaba como oro representando su vigorosidad, lentamente fue desplazado por hilos de plata fina, que tejieron una corona en símbolo de su experiencia.

Su voz parece querer descansar al entrecortarse, ya no salen a mil por hora sus palabras llenas de afán queriendo ser escuchadas, sabe que el silencio es sabio y solo cuando ellas son colegas de él, merecen ser pronunciadas.

Mi viejo, aún disfruta de las ilusiones y momentos que ofrece el tiempo, mientras él lo sigue consumiendo, y lo lleva disimuladamente de regreso a la niñez.

Como ave de paso.

Como ave de paso, me posé en su cuerpo que resplandecía de belleza como la primavera, sus labios rojos seducían y me llamaban como lo hace el dulce néctar al colibrí, sus manos me acariciaban con la suavidad de un pétalo, sus ojos brillaban con la magia del sol al amanecer, su cuerpo me trasmitía en abrazos la calidez de un verano, su voz me relajaba y me llenaba de paz, como lo hace el sonido arrullador de una quebrada de agua mansa.

Su cuerpo relucía de belleza como una flor de primavera, el cual extasiaba cada uno de mis sentidos.

Me enamoré profundamente de aquella flor y todo lo que hacía posible su existencia, de sus verdes hojas, incluso aprendí a con vivir con las espinas de su tallo y a querer hasta sus raíces.

Y fui tan feliz deleitándome con tanta belleza, hasta que un día sus pétalos empezaron a opacar su color, perdían su rigidez y poco a poco al suelo caían, me di cuenta que lo mismo pasaba con otras flores a mi alrededor y las demás aves de paso empezaron a volar en busca de otros horizontes, quizás de otras flores en primavera, me di cuenta de que solo les interesaba la flor de aquella planta, no lograban ver que ella es más que una flor de primavera.

Decidí quedarme y acompañarla, presencié la caída de todos sus pétalos y hojas hasta que no quedó más que un tallo y las espinas, ya no quedaba casi nada de la flor que conocí en primavera, el frío del invierno le arrebató su belleza, pero no su vida y me quedé a su lado soportando junto a ella la inclemencia del invierno.

Pasaron los días y las noches más tristes y frías que jamás había vivido, no había hermosos colores en su cuerpo, su piel se veía pálida y reseca, como un paisaje en escala de grises, sus palabras se tornaron toscas y tristes como el rugir del viento, que transportaba un frío congelador, el brillo de sus ojos se perdió, como el sol tras nubes negras, brotaron lágrimas como la lluvia y su llanto se escuchaba como truenos.

Viví una y otra vez esas escenas y aunque me desesperaban por completo, sabía que ella estaba en invierno y así la acepté porque en primavera era mi amor perfecto.

Y cuando llegó de nuevo la primavera, ella floreció mucho más de lo normal y fue la planta más hermosa de aquel paisaje.

Entre sus brazos, tomando el néctar de sus besos le dije: "jamás en mi vida un néctar tan exquisito había probado", a lo que ella me contestó: "jamás en mi vida lo había así producido, porque nunca mi tallo, espinas y raíces, habían estado siempre acompañados, ni se habían sentido amados".

Ama a una mujer más allá de sus encantos y ella te dará más de lo que esperas.

Una nueva mujer.

Hoy en sueños después de tanto tiempo, fui a buscar a la mujer que amo, aunque en la realidad llevamos mucho sin hablarnos, mi alma se dirigió a su casa, llegué y la vi, acostada en su cama, quise entrar y besarla, pero unas manos me detuvieron, y era ella, era su alma.
— ¿A quién buscas?
  — A la mujer que amo.
— Ya no existe
  — Es absurdo lo que dices, si ahí la estoy viendo.
— ¡Ella no es la mujer que amas!
  — Cómo dices eso, ¡sé a quién amo y a quién no!
— Te equivocas, ese es solo el cuerpo de la mujer que amaste, un cuerpo que inclusive ya cambió, por la nueva mujer que lo habita, y sí, están los mismos ojos, pero ya su mirada no te busca, ni brilla con tu presencia, su boca ya no guarda besos para ti, ni palabras de amor, tampoco te hablará con el mismo tono, sus manos ya no quieren entrelazar las tuyas o darte sus caricias, sus pies ya no buscan tu destino, ni esperan los tuyos, en sus sueños no apareces y estás casi extinto de sus pensamientos, en su corazón no hay ni un pálpito a tu honor.
Todo eso que amas de ella cuando te amó, fue removido por su dolor y enjuagado por lágrimas, abrió el grifo de sus ojos y lo expulsó en llanto, gotas saladas llovían en su suelo, mojaban sus prendas, luego el aire las evaporaba y ahí en esas lagrimas se esfumó tu amada, incluso las gotas

que se aferraron a sus mejillas fueron arrastradas por paños húmedos y enviados a la basura, para que no quedara una huella de aquello que tanto dolió, lavó su rostro, respiró profundo, salió a caminar, tomó un nuevo aire y volvió a casa, la mujer que ves acostada, es una nueva mujer.

Una mujer que se dedica tiempo a ella, a los que siempre ha amado, su familia, sus leales amigos, una mujer que tiene nuevas prioridades y en ellas no estás tú.

Si quieres entra, pero te advierto, aunque es el mismo corazón que habitaste, con toda esa belleza que ya conoces, solo verás esa mujer que viste la primera vez, la que no permite que le toques una pierna, y exige distancia, si no estás dispuesto a soportar eso, márchate y evita un momento amargo, el fuego deja rastro en su paso que permite revivirlo, pero el agua se evapora y se esfuma en el espacio.

Yo guardé silencio y me quedé observando el suelo, como quien recibe un regaño sabiendo que lo merece.

— Mírame... me dijo en tono de orden.

Yo levanté mis párpados con esfuerzo, me pesaban de vergüenza.

— Despierta y recuerda que soñaste con la realidad.

Desperté, sabiendo que ya no la debía buscar ni en sueños. Ya no existe. Solo es un fantasma que vive en mis fantasías.

¿Dónde estás?

¿Dónde estás amada mía? En qué parte del mundo gozan de tan bello presente, qué sentidos tendrán la suerte de percibir tu existencia, ésa que hace entre las demás la gran diferencia.

Muchas mujeres brillan como luna llena en plena noche, observada desde un campo libre de luces artificiales, de esas lunas que embellecen las nubes y hacen de la noche un día tenue, donde hasta las sombras recobran vida y sí, asombran con sus encantos, pero no es algo tan exquisito, pasa cada tanto.

Pero tú, posees un no sé qué tan especial, como destellos de una infinidad de estrellas que brillan en un cielo sin nubes, un firmamento que si se observa tras las siluetas de la naturaleza, la viste de navidad, los lagos y mares serenos se ponen traje de espejo, porque la bóveda celeste se engalana tanto, que se hace digna de salir en sus reflejos, es tan sublime esa belleza que sumerge el alma en ella, por donde la veas, sus encantos titilan, como si una infinitud de luciérnagas volaran en las alturas.

No sé dónde estás, pero sé que existes, porque te he tenido entre mis brazos y te he calcado con mis labios.

Amo saber que pronto tus pasos buscarán mi presencia, mi cuerpo volverá a unirse al tuyo y así habitaré nuevamente el paraíso, uno fabricado con nuestro amor.

Donde no existe fruto prohibido en él, lo único que puede desterrarnos, es el crimen de dejar de enamorarnos.

No quiero ni pensar en eso, porque normalmente donde el amor empieza a marcharse paulatinamente, su ausencia poco a poco y despacio, va dejando el espacio para que el infierno vuelva de lo que fue un paraíso, su nido. Eso es lo único que suele dejar un amor destruido.

Tu mirada.

Tu mirada me observa con tu boca cerrada, y dice tanto, aunque no menciones nada.

El silencio cobra tanta fuerza cuando tu mirada se expresa, como agua que deja de correr y se represa, puede ser tan buena o tan mala, depende del sentimiento que la fecunde, a veces, es la ira que en tu ser se hunde y tu mirada es como ese relámpago nocturno que hace de la noche día por un instante, anunciando un gran estruendo que viene, aunque tus labios callen; pero temo ese momento en que tus palabras estallen y retumbe ese trueno dentro de mi interior.

En cambio, cuanto tus ojos brillan con amor, es como esa luz en el horizonte que anuncia llena de brillo la salida del sol y sabes que pronto todo se esclarece y recobra color.

"Me gustas cuando callas porque estás como ausente", escribió el poeta Pablo Neruda, y yo, yo te siento tan presente, incluso lo que dibuja tu alma con tinta brillante en tus ojos, dentro de mi ser se oye, se ve, se siente.

Cuando hablas sé que estás ahí, pero cuando callas estás tan aquí, con un silencio que puede pesar tanto que me entierra o ser tan sublime que me lleva a volar.

Ando.

Ando en este mundo con una flecha perdida que me atraviesa la vida, aunque se vea mi cuerpo normal caminando, si ves de cerca a mis ojos, notarás que poco brillan, porque mi alma con sus alas rotas y pies descalzos, avanza en esta existencia cojeando.

A Dios pregunto y reclamo sobre mi desdicha en el amor y a la vez entumecido en dolor por piedad clamo, qué más me espera en este devenir de sentir y ser sentido, para qué emocionar a mis latidos con esta droga que consume mis sentidos, si al final su ausencia solo desespera.

Si tan solo fuera una herida en mi corazón, me desangraría, desmayaría y después de algunos minutos, el dolor las puertas a otro mundo me abrirían. Pero dime ¿cómo se le da boca a boca a el alma? ¿Qué bisturí la toca y logra calmar su pena? ¿Quién la puede liberar? Cuando es merecida su condena.

Queda solo llorar cuando el silencio es el único que me escucha, las lágrimas de mi alma vuelan y se desvanecen por el infinito, como notas de un llanto que desgarra la armonía del espacio que existe en su camino, hasta ser consumidas por el mismo silencio. Solo queda eso, expulsar en llanto sueños e ilusiones quebrados en mi interior, los expulso por mis ojos, rayan, arden y lastiman a mi alma las esquirlas de vidrios que una vez formaron cuadros llenos de amor.

¡Ay! alma mía cuántas ilusiones aún llevas, cuantos llantos aún nos faltan, para desintoxicarnos de este amor quebrado en nuestro interior.

Se supone que una flecha es para dos, para que caminen juntos en la misma dirección, para que los dos se curen la herida mientras la sangre estanca y se anestesien haciendo el amor, hasta que la herida cierre y sean los dos solo uno, fundidos en sus sueños e ilusiones unidas por el flechazo.

Pero yo que la saco despacio y lloro en cada tirón, maldigo al que la disparó, dejándome solo la carga del amor, por qué a ella no la flechaste, solo fue el ruido en mi pecho y el temblor del chuzón, que despertaron las mariposas en su estómago, solo fue eso en ella, mariposas revoloteando que sucumbieron y se marcharon en el primer ventarrón.

Tempestad en mis ojos.

Hoy ya son varios meses sin hablar con ella, sin escuchar su voz, ya rompimos el récord en distanciamiento, jamás volví a leer un "¿cómo estás?" ni tampoco a escribirlo, toda esa galaxia hermosa que fabricamos de amor, durante tanto tiempo, se consumió por un agujero negro llamado orgullo, la luz de nuestro amor al pasar por él se desvaneció.

Pero, sin embargo, aún hay partes de su alma enredada en la mía, secuelas de su amor que duelen al recordarla cada día.

Al ver sus estados y observarla, toco con mis dedos su imagen, como acariciando su cabello y mejillas, veo sus labios, ellos, la puerta de su paraíso, del que fui desterrado, pero ahí están, sin mí, como siempre bellos y florecientes con su sonrisa de primavera y verla así tan hermosa, es tan borrascoso para mí, es como si ella fuera la luna llena y yo un mar de sentimientos y esa sonrisa, una de las sonrisas que más amo en mi vida, se refleja en mi mirada como la luna llena en el mar, haciendo que pierda la calma y una tormenta de lágrimas surge y se desborda por la tierra de mi ser, golpeando cada costa de mi cuerpo, contagiando de la furia de su tristeza haciéndome padecer, nubes oscuras de pensamientos melancólicos se unen y chocan en mi mente y trueno, maldiciendo mis errores y defectos, hasta desahogar.

La miro con las ruinas de mi ser devastado en lágrimas y sale en mí, ese suspiro de dolor, esa réplica que anuncia el final del llanto del alma, ese último temblor del cuerpo que da paso al inicio de la calma.

Sonrío y doy gracias a Dios porque la veo sonreír y no me importa el motivo, solo sé que se ve feliz y bendito sea lo que la causa.

Porque ella merece reír, todos los santos días, sin pausa.

Madre.

Tu vientre fue mi primer hogar en este mundo, durante nueve meses y ahí bajo tu corazón, experimenté por primera vez el amor, cada uno de tus latidos me preparaban más para la vida, dándome parte de ti, de tus huesos, de tus fuerzas, de tu misma vida.

Madre, mi primer amor y el más sincero, eres tú lo más cercano y parecido a un ángel, porque tu amor no parece de este mundo, más bien parece del mismo cielo.

Cuando salí de tu cuerpo lloré, sentí tanto miedo por primera vez. Jamás había estado tan lejos de tu corazón, no me había sentido tan indefenso y más cuando cortaron el cordón que me unía a tu cuerpo.

Pero fue un alivio escuchar claramente tu voz, sentir el calor de tu piel y beber la vida desde tus senos, en ese momento comprendí que nosotros tenemos un vínculo tan fuerte, que ninguna herramienta puede cortar, que mi corazón está atado al tuyo, por un amor inmortal.

Cuando no sabía nada sobre Dios, para mí tú lo eras, siempre estabas allí, para aliviar mis primeros conflictos con la realidad de este mundo.

Fuiste mis brazos, mi voz, mis pies, cuando aún no podía ni sabía manejar los míos.

Tu voz, mirada, calor, fueron para mí sinónimo de calma, pues nadie me protegía con el amor que tú lo hacías. Por eso era una pesadilla el sentir que te alejaras de mí.

Pasó el tiempo y sentí más libertad en mi cuerpo, la curiosidad era el pan de cada día, quería tocar, probar, experimentar tantas sensaciones desconocidas, aún no sabía qué era el peligro y eras tú la que casi siempre de él me prevenía.

Fui creciendo y conociendo más el mundo y casi siempre estabas tú ahí como guía, en mis primeros pasos, palabras y otras cuestiones de la vida.

Tus sabios consejos fueron mi escudo contra lo triste del mundo y tu apoyo mi mano derecha, un amor que hace más fácil mi existir.

Madre, eres tú la más preciada bendición divina que nos recibe en este mundo, nos cuida y acompaña hasta donde Dios permite.

Una bendición que nos da la vida, nos presta parte de la suya y nos enseña a vivir.

Sin duda eres el amor más puro que sobre la faz de la tierra puede existir.

Madre, gracias infinitas te doy por todo, gracias por la vida, gracias por ser la mejor, gracias por existir.

Tu presencia.

Me gusta saber que existes, me gusta saber que el cielo está más cerca cuando comparto contigo, porque tú traes cariño, traes alegría, no solamente me llenas de risas, también me regalas la tuya, que combina perfecta y sensualmente con tus labios, los cuales deseo tanto como aquel sediento de agua que anda por un desierto llamado soledad en busca de amor, en busca de ese oasis que existe en tu corazón.

Me gusta cuando clavas tu mirada como un ancla en mi ser y creas un magnetismo entre nuestros labios, con tu magia, mujer.

Me gusta tu rostro, porque es tan hermoso como un amanecer y a la vez como un cielo estrellado al anochecer.

Me gusta tu voz, porque puede ser tan tierna y sensual a la vez, porque siempre tiene un "te quiero" para mí, aunque a veces estén camuflados de un regaño que me cuida cuando me descuido.

Me gusta tu cuerpo, porque es tan perfectamente hermoso, incluso en lo que muchos catalogan como imperfecciones, hasta esas partes logran dilatar mis pupilas y poner en jaque mis sentidos, sumergiéndolos con tus encantos en un mar de emociones.

Me gusta tantas cosas de ti mujer, que las palabras me quedan cortas para explicar todo lo que tu ser ha forjado y hace sentir a mi existencia.

Un amor para la historia.

- Abuelo ¿qué es un amor para la historia?

Mi niña apenas tienes 13 años ¿cómo surge en ti esa pregunta?

¿Ya le preguntaste a Sofía tu madre?

-Ya le pregunté y me dijo que ella era el fruto de uno y que tú me sabrías explicar.

Está bien mi niña, ponte cómoda es una larga historia.

El amor es como un tesoro que pocos logran encontrar, un tesoro que tiene vida propia y se hace valorar.

Hay muchas joyas preciosas que se le parecen, una de ellas brilla tanto como el sol al medio día, esa se llama ilusión y con el paso del tiempo su brillo se debilita.

Otra joya es hermosa y funciona como un imán, se adhiere a todo tu cuerpo y a parte de tu ser, esa joya puede darte alegría, pero no te deja evolucionar, a esa joya la llamaremos apego.

Otra, es como un diamante, reluciente, hermosa, todo el mundo te felicita y hasta te envidia, pero esa joya no te llena por dentro, tal vez te de comodidad y te satisfaga algunas cosas, pero por muy hermosa que sea, esa joya nunca te llenará por completo y siempre sentirás un vacío, esa joya se llama interés.

Y así, hay joyas y joyas que se intentan parecer, pero mi amor, es tarde, debes tener sueño, mañana continuamos, ¿sí?

-Abuelo no tengo sueño, abuelo, háblame de la joya del amor.

-Ah, cómo han pasado los años y esa joya aún me hace suspirar.

Esa joya o gran tesoro como lo llamo yo, no se encuentra buscándola, ella aparece quizás en el momento menos esperado y lo más seguro es que no la reconozcas.

Puede que las veas tosca, opaca sin belleza aparente, sin embargo, tiene algo que te atrae y no te explicas qué es.

Miras a tu alrededor y ves joyas más brillantes, relucientes y hermosas y aunque de alguna manera las tengas por instantes y las disfrutes, no es igual a lo que sientes con la joya opaca.

-Abuelo, pero la gente dice que el amor es muy bonito, que es el sentimiento más hermoso de todos.

-Mi amor cómo te explico, por un lado, la belleza está en los ojos de quien la observa y, por otro lado, ella surge del tiempo, dedicación y amor que un artista le entregue.

Por ejemplo, mira mi anillo ¿cómo lo ves?

-Abuelo brilla muy lindo, se alcanza a ver el reflejo del sol en él y también en la piedra del medio.

-Así es mi niña, ahora tócalo.

-Abuelo, se siente liso.

-Es correcto mi niña, pero no siempre fue así, este anillo ha pasado las manos de artesanos, que por distintos métodos y dedicación lo dejaron reluciente y hermoso como ahora lo ves.

-Abuelo, o sea que el amor no siempre fue bonito.

-Así es mi amor, el amor es un tesoro que nos pone a prueba para merecerlo y esas pruebas muchas veces implican dolor y sufrimiento, a veces te exige fuerzas que piensas que no tienes y te hace superar tus límites.

Es como si te hiciera sentir el caos de su ausencia, para que valores la plenitud de su presencia. Y de esta forma, te hace entender que el amor es sencillo de sentir y de expresar, es básico y a la vez genial, pero si buscas perfección en él, sutilmente de las manos se te puede escapar.

El amor es un principio universal que se expresa desde el corazón, no le eches mente porque ella en estos asuntos nunca tiene la razón.

El comprender todo esto mi niña, es lo que permite que tu abuela y yo podamos contar un amor para la historia.

-Abuelo, te amo.

-Y yo a ti, mi amor.

Una charla con la muerte.

Ahí estaba yo, caminando sin un rumbo fijo y desorientado, de mi vida había perdido el norte, me sentía fracasado.

Gran parte del amor, la salud, la felicidad de mis manos se habían esfumado.

Así que corrí desesperado y busqué una cima para saltar al vacío, desaparecer del mapa y así solucionar todos mis líos.

Llegué a una cima cercana, me acosté, cerré mis ojos y con lágrimas brotando de tristeza y desesperación pedí perdón a los más allegados en mi imaginación, sabía que les causaría un gran dolor.

Recordé algunos eventos del pasado, unos felices y otros no tanto, hasta lo que me hacía sufrir y lleno de rabia e impotencia, me levanté y salté al vacío.

Con gran velocidad me acercaba al suelo y de repente estaba sumergido en una oscuridad total, un silencio absoluto, sentí miedo, más que en mi vida, empecé a sentir la sensación de que un frío congelador subía poco a poco por mis pies, era como si me estuviera sumergiendo en agua a punto de congelarse, despojado de la luz y el calor, me sentí más perdido que nunca, mi corazón latía a mil y mi respiración se aceleró, como si fuera poco sentí que el aire se agotaba, como todos alguna vez, en un gran sufrimiento me pregunté:

¿Por qué a mí? ¿Qué hice para merecer esto? De repente una voz con la potencia y furia de un trueno habló, diciendo, -renunciaste a la vida y ella es luz, calor, movimiento, amor, energía y tu condena al despreciar la existencia es seguir viviendo aquí, entre el dolor y la pena.

En ese momento comprendí que suicidarme era la peor decisión que había tomado, estallé en llanto y en un murmullo que ni se entendió, exclamé.
"Supongo que de nada sirve el arrepentimiento", cuando terminé de decirlo, sentí una mano cálida en mi hombro derecho, impregnada de tranquilidad cariño dulzura, una voz me susurro al oído:
Deja de llorar mi niño amado, suelta esa carga que tanto a tu alma ha lastimado.
Esa voz, esa voz, sabía que la conocía, esa voz me hacía sonreír de niño, me alegraba la vida, ¡claro! recordé que era una de las personas que más quise de niño, pero que ya había muerto, me aferré al calor de su mano y le pedí perdón por mi acto, rogué que me sacara de ese frío y oscuridad que tanto me atormentaban.
Mi niño, no puedo sacarte de un lugar que tú mismo creaste, la oscuridad es tristeza, el amor y felicidad irradian luz.
Recuerdas cómo te encantaba salir al parque, intentabas atrapar un pájaro.
¡Sí! Pero nunca lo atrapé.
Pero siempre fuiste feliz.

De repente la oscuridad empieza tener un tono gris.

Sigue así mi niño, recuerda lo hermoso de la vida.

Recordé la belleza de un amanecer, la naturaleza y su variedad de colores y formas que maravillan, la sonrisa de los seres que amamos cuando felicidad a ellos aportamos, el brillo en los ojos del ser que nos ama, la dicha de levantarnos y luchar por nuestras metas y con ellas un mejor porvenir, la melodía los pájaros y la misma música, el arte que es amor vida y belleza condensada en inspiración, el cariño sincero de los amigos y mascotas que se alegren con nuestra presencia, el amor, que no se trata de buscar quien nos ame sino de compartir el amor que nos tenemos y a otros ofrecemos.

Recordando todo eso hermoso de la vida, el lugar ya estaba casi todo iluminado y noté algo extraño, no había fuente de luz, no existía la sombra, era como un hermoso jardín, sin cielo ni suelo, todo parecía emanar su propia luz y resplandecía con una inimaginable belleza.

- ¡Qué lugar tan hermoso!

-Así es mi niño, este lugar es hermoso y todo resplandece con luz propia y así debe ser la vida.

No busques el amor, la felicidad, la riqueza, el bienestar y todo lo que amamos de la vida fuera de ti, porque ahí es cuando te pierdes, pues todo está dentro de ti y de cada uno, porque todos tenemos el potencial para brillar como estrellas, con luz propia.

La belleza de la vida
se encuentra en los pequeños detalles
en la salida del sol cada día
en el viento y las nubes que recorren lo hermoso de las
montañas y los valles.

En el sonido de un te amo
y el silencio de un beso
en la belleza de un ramo
en el nacer, crecer y su proceso.

En lo que hacemos con pasión
durante el camino a la meta,
en la comida y su sazón
en el abrazo de un amigo que con cariño aprieta.

La dicha de la vida está ahí latente
al alcance de nuestros sentidos
más allá de la lógica y la mente
en el corazón y en sus latidos.

En la ternura de un bebé
y la sabiduría de un abuelo
en el agua que bebes
en la tierra, el mar y el cielo.

Está en la estrella que somos
cada uno de nosotros
en la luz que emanamos
cuando nos amamos
cuando lo mejor de nosotros
al mundo entregamos.
al ser, creer y crear juntos como hermanos.

Como siempre son tan sabias tus palabras, te hubiese escuchado antes de tomar mi fatal decisión, pero al menos fui buena persona y me gané el cielo.
¿El cielo dices?, Mi Niño.
-Sí, un lugar tan hermoso como este no puede ser más que el cielo.
-Te equivocas mi niño, estás en tu corazón.
- ¿En mi corazón? Ese lugar oscuro y frío no era el infierno, -no, era tu corazón también, solo en ausencia de amor, por eso en tinieblas estabas, porque habías olvidado la alegría de la vida que está en lo intangible y sin precio.
Se acercó, me dio un abrazo lleno de amor y me susurró al oído:
¡Despierta!

La luna y la mujer.

Hoy en mis sueños visité la luna y observé con ella la tierra y el universo, sorprendido quedé ante tan hermosa vista, ella me preguntó que, si en la tierra se podía ver tanta belleza junta, le dije que quizás un paisaje se quedaba corto ante esa vista, pero sí podía ser superado por la belleza de la mujer.

Me miró, suspiró y dijo:

Sabes que tienes razón, aún recuerdo el día de su creación, vi a Dios haciendo bellezas en el mundo, pero ninguna con tanta inspiración.

Luna, yo no logro comprender todo su misterio, es como si la belleza en ella se hiciera infinita, pues maravilla mis sentidos una y otra vez.

Te comprendo poeta, no hay verso en el universo que pueda explicar la belleza de la mujer, ella encierra un poco de cada cosa, que en la creación puedes ver.

Tienes razón luna, puedo escribir mil poemas en su honor y, sin embargo, me quedaría corto a todo lo que me inspira su ser y amor.

Poeta, aún recuerdo, todo el paraíso era verde, lleno de hojas y tallos por donde vieras, Adán disfrutaba de algo lindo pero simple, pero cuando Dios creó a Eva, hasta la naturaleza en su honor, forjó la primavera.

Sí, su físico es algo encantador, pero su ser, tiene algo mágico que me hace su adorador, cada uno de mis sentidos los cautiva y saca de mí lo mejor.

Poeta, conoces bien el dicho que el que ríe de último ríe mejor, la mujer es la culminación de la creación, ella contiene de todo el universo un poco y sobre todo lo mejor, es delicada como un pétalo y a la vez fuerte como un roble, su pasión tiene el fuego de un volcán y sus labios la miel de un panal, en su voz y manos hay medicina, en su mirada hay un hechizo que fácil te encanta y fascina, su corazón es manantial de amor, que tu sed calmará si bien lo cuidas, su ser contiene el más sublime placer y en su vientre emana el milagro de la vida, su alma esta colmada de virtudes que hacen al mundo mejor en cada uno de sus días.

Luna, son tan ciertas tus palabras que me atrevería a decir, - "si la belleza fuera luz, cada mujer en la tierra, como estrella brillaría".

Sin duda alguna poeta, ella es la bendición de la creación, es digna de que todos le rindamos pleitesía, hasta mi amado el sol vive orgulloso de iluminar su belleza, pues es un deleite para cualquiera en la creación que se encuentre en su presencia.

No solo un deleite luna, yo que he tenido el honor de sentirme amado por ella, diría que es la gloria misma, a su lado no tengo nada que envidiarle al cielo, ella en sí con todos sus atributos divinos, hasta un ángel en la tierra podría ser.

Sí poeta, un ángel, pero no solo por su belleza, también por espíritu luchador, que día a día entrega sus esfuerzos y hasta sacrificios por los que lleva en su corazón, por su aporte tan importante desde el hogar hasta la sociedad.

Sí, sabes luna, creo que no hay mayor dicha para un hombre que amar a una mujer y ser correspondido y a veces no valoramos eso, madres, hermanas, esposas, abuelas y todas y cada una de ellas y sus diferentes formas de amar.

Así es poeta y la mejor forma de amarlas, es ser digno de su amor, así que despierta, felicitalas a ellas en su día y regálales con tus letras, alegrías a sus corazones y reza para Dios las siga colmando de bendiciones.

Para mí luna, es un placer y un honor, ya que por ellas y para ellas, Dios me dio este don.

Me lancé.

Coautora
Flor Del Campo Buriticá.

Me lancé al abismo de tus brazos.

Aun sabiendo que me podía esperar en el fondo la desilusión, que golpea tan duro como el suelo.

Pero tenía la esperanza de sujetarme de tus labios y que tú me sostuvieras para revivir una vez más la dicha de nuestros besos, que nos ataban como lazos.

Y nuevamente me enfrentaba a ese duelo.

A la inseguridad de saber si esta vez sí encontraría en tu corazón, un te quiero sincero.

Porque a pesar de que me atrapas a ratos, quizás cuando el deseo y la lujuria pasean por tu cuerpo, yo siempre estoy dispuesto a lanzarme, aunque tus brazos no atrapen mi cuerpo.

Y no sé si alguna vez encuentre en mi caída un "te quiero" verdadero, uno que me dé alas para no depender de la disponibilidad de tus brazos y poder aterrizar por mi propia cuenta en tu corazón y con las llaves de tu "te quiero" encender la pasión.

Quiero que sepas que yo seguiré lanzándome a tus brazos, sin importar que un día mi corazón se canse de tantos golpes que dejan la ausencia de ellos y en ese intento muero.

Y si eso pasa, pon en mi lápida:

"Un te amo murió buscando un te quiero sincero"

El paso de las personas.

Cada persona nos deja una enseñanza en la vida, quizás muchas relaciones amorosas son el camino a una lección.

Hay finales que duelen tanto, que se nos hace difícil aceptar la realidad.

Ésos, que parecen que nos dejan sin calor, sin aire, sin latidos.

Ésos, que parecen prohibir la felicidad de la vida, a nuestros sentidos.

Ésos, quizás son los que nos enseñan el valor del amor.

Tanto la importancia de amarnos a nosotros mismos.

Como la importancia de reconocer y cuidar cuando alguien nos valora y nos entrega su amor.

Es como si el amor fuera un rompecabezas y cada persona nos aporta una ficha, una lección.

Hasta que las completamos todas y armamos nuestro amor.

Dichosas esas personas que lo arman al primer intento.

Y pido piedad a Dios por las personas que, armando su amor, viven un tormento.

Una rosa en el camino.

Ayer vi una rosa mientras caminaba, quise cogerla guardarla y regalársela a mi amada, pero recordé que ya no me corresponde, que ya se entregó a otro.

Cogí la rosa y empecé a quitar sus pétalos, a desvestir su hermosura y caían pétalos al suelo junto con trozos de mi corazón.

Los mismos pétalos que una vez fueron la guía de sus pies a nuestra cama, pétalos que formaron muchas veces un corazón flechado en símbolo de nuestro amor.

Pétalos que fueron cómplices y testigos de nuestras noches a la luz de las velas y en el calor de nuestra pasión, pétalos que mancharon las sabanas dejando la huella de nuestros cuerpos unidos.

Hasta que cayó el último pétalo y quedó el tallo con espinas y supe que eso mismo quedó de tu amor.

Mi corazón despojado de su alegría, solo quedando espinas que producen dolor.

Los senderos de mi corazón.

Aquí estoy de nuevo, enfrentándome a mi soledad que siempre viene acompañada de emociones, hoy siento una mezcla extraña entre dolor y alegría, un encuentro con lo que gané y perdí, con el amor de mi vida. Ella, un simple mortal más en este mundo, pero para mi corazón, es simplemente la mujer más bella. Y no hablo de su figura que sin duda cautiva, hablo de esa alma que se inmortalizó en mis sueños, más allá de la realidad que controlo, de ese ser que se impregnó en mi esencia, razón de conocer y sentir tantos estados desconocidos del amor en mi existencia.
Como la mayoría, la miel de un inicio, donde los besos son el pan de cada día y la noche sirve de alfombra donde se teje el amor antes de dormir y el despertar sigue siendo un sueño, solo que es realidad.
Pero la vida de todo cumple su ciclo y el amor es uno de esos que duelen cerrar, la muerte implica renunciar a tantas cosas que uno quiere vivir, que el alma se lastima al irse soltando de cada uno de esos deseos, es como caminar en un mundo dantesco donde la vida misma es el escenario, cruzándolo en busca de esa paz, que tanto nos hace falta.
Después, cuando el dolor calmó, pensé que el amor que al parecer lo causaba había desaparecido, pero no fue así; solo desapareció ese pensamiento de creer que aún su atención y parte de su ser, esa que me amó, me pertenecía,

incluso mi deseo de poseerla como solía hacerlo al amarnos.

Todo eso desapareció y descansé, sin embargo, continuó un sentir profundo por ella, no sé si sea otra forma de amar, o no sea más que un simple afecto, pero ahí está y se lo demuestro, aunque a ella no le haga falta ni lo necesite, pero algo sí es seguro y es que lo merece, de eso sí estoy totalmente consciente, porque ella nunca me falló, siempre me cuidó más que yo mismo y esa fue quizás la base por la cual la llegué a amar tanto. Aun sigo haciendo actos por ella que para muchos parece ilógico, pero eso es algo que siempre ha regido nuestra relación, una relación por mucho fuera de lo común. Y eso nos ha hecho tanto bien como mal. Después de todo, el amor no es algo lógico y eso sí que lo hace complicado, cómplice de locuras, rebelde e inestable, un cóctel de hormonas que dopan los sentidos y puede llegar a intoxicar, si se toma sin mesura. Amar tiene cosas tan ilógicas y a la vez hermosas, como dar sin esperar nada a cambio, como poner el otro cachete para un segundo golpe, aunque estas afirmaciones suenen torpes, el amor es así de complicado y sencillo. El amor no es algo que se doma, es más bien algo que se cuida, no es cuestión de retenerlo, sino que él se sienta cómodo en donde esté. El amor más que sexo necesita sonrisas, más que placer, cariño; más que palabras, bonitas sinceridad y más que detalles,   respeto.

El que aprende a amar empieza a vivir y el que aún no sabe o se le ha olvidado, simplemente sobrevive. El que ama ve oro donde muchos no ven nada y ésa es una clave de la felicidad.

Conocí el amor.

Lo encontré ahí, escondido entre lo común, invisible a mis ojos que lo buscaban en la lejanía, allá donde se visualizan perfecciones, donde lo normal se menosprecia mirándose por encima del hombro.
Él estaba silencioso, gozando a sus anchas en la belleza del caos, observando de lejos a mi esperanza, mirando como ella se agotaba caminando largas distancias en su búsqueda, llegando a veces alegre, entusiasmada con ilusiones vaciás que al final solo la terminaban desgastándola más, otras veces simplemente desconsolada, como sin ganas de volver a salir a tan difícil misión.
Una vez, de esas menos pensadas, como bien muchos lo afirman, mi esperanza decidió no salir, prefirió descansar, dirigirse si mucho a la esquina. Y fue ahí, a la vuelta de la esquina donde la magia ocurrió, allá estaba relajado el amor, detrás de una sonrisa sincera, mirándome en mis

fachas casuales, sin nada con que impresionar. Yo sinceramente en ese momento no lo andaba buscando y por eso ni lo note, él me acarició con sus manos laboriosas y toco la puerta de mi corazón con un beso en la mejilla, algo simple, pero a la vez profundo, dejando con ese beso una sensación tan agradable que su efecto perduró bastante tiempo para que me impregnara esas ganas de volverlo a sentir, después de tantos besos monótonos y protocolarios, ése estaba lleno de cariño. Así empezó todo, con algo simple y sin misterio, pero lleno de eso que está hecho el Amor. Después de tanto tiempo alguien volvió a pronunciar la palabra "amor" para llamarme. Ella... a la vuelta de la esquina, donde mi esperanza fue a buscar para la tristeza una chocolatina y terminó saboreando esa delicia que se consume con todos los sentidos y vuelve plena la vida.

Todo pasa.

Todo pasa, me digo en voz alta, mientras el tiempo me tortura con tu recuerdo, viéndote a cada rato entre la gente, sin que estés allí realmente, como un loco por amor, pero sin él.

Aún sigo soñando contigo aunque ya duermas entre otros brazos, yo solo cuento con mi cobija como abrigo, en ella hiberna mi corazón hecho pedazos.

Cada amanecer espero darle fin a este diluvio emocional, buscando otros sentidos a la vida, intentando omitir esa necesidad de sentirte, pero todavía asfixian mi presente tus recuerdos, son como sombras que deambulan en aquellos lugares testigos de nuestros besos, susurran en el ambiente camufladas en canciones, con un aliento putrefacto que huele a melancolía.

Y aquí sigo, esquivando el vació de tu ausencia día a día, atrapado en el eco de un adiós que aún no se enmudece, buscando en nuestras fallidas ilusiones mi alma perdida, porque sigue detrás de ellas y sin piedad padece.

Moribundo me siento, pretendiendo crear nuevas rutinas para borrar las nuestras y no verme incompleto, incluso ya me veo diferente en el espejo, sin embargo, la misma amargura se ve mis ojos, aunque ya no lloran, tampoco han vuelto a brillar. Volví a hablar con personas que ahuyenté por ti, como si así se suprimiera tu existencia de mi vida, pero eso no ayuda en nada, casi siempre terminan preguntando ¿por qué acabó todo?

"Por cosas de la vida", suelo decirles, mientras siento como se reabre la herida "pero yo estoy bien" suelo mentirles, y emprendo de ese tema la huida.

No sé cómo le haces tú para sobrellevar esto, si es que en verdad me decías "amor" con sinceridad, quizás como lo has hecho antes, pero para mí es la primera vez, jamás en un amor me había estancado, nunca tanto una situación de éstas me había afectado, siempre corté los vínculos emocionales con facilidad, diciendo adiós con punto final. Quizás nunca había amado como te amo y tú ya lo habías hecho como me amaste, o tal vez me amaste como antes he amado y aun no conoces el amor realmente.

Cualquiera que sea el resultado final, parece que el dolor, un amor suele autenticar, en él, un amor se sacrifica o simplemente desaparece, para volver a aparecer en otro corazón.

Imborrable.

Imborrable, así pensé que eras y quizás con justa razón, debo admitir que el tiempo pasado contigo de alguna forma fue intenso, después de ti parecía avanzar lento y a cada rato lo alcanzaba nuestro pasado.

Guardaba en mi pecho tantas formas de amarte, que no había dejado espacio para una de olvidarte.

Lo más complicado fue esas fechas especiales que tú hacías extraordinarias, como lo es diciembre o nuestros cumpleaños, las primeras en tu ausencia me sentí tan vacío sin tus labios para besarlos, mientras sabía que te besaban otros, que al fin de cuentas solo te utilizaron, no entendía cómo estabas con un tipo que apenas conocías, pero cuando medio lo conociste todo acabó.

Eso fue bastante duro, sobre todo porque fue contigo que aprendí a celar, no sé si antes era más inteligente o amaba menos, lo que sí sé es que me parecía tan cruel de tu parte, supongo que es por lo que prefiero que mi corazón sane antes de darme otra oportunidad, pero tú juegas diferente, parece que prefieres saltar de una relación a otra antes de la soledad, en cambio yo me refugio en ella, como si fuera un paradero donde uno descansa y espera que nuevamente el amor arrime ahí por uno.

Y en ella volví a retomar hábitos como el de leer, debido a la ocasión empecé por algunos de Walter Riso, pero parecía referirse solo a esas relaciones carnales, estudiando el amor desde la psiquis, biología y hasta antropología, pero poco tocaba ése que habita en el alma y ése es el que usaba contigo, ése que Carl Gustav Jung. bien estudió, ése que se filtra en los sueños al dormir y tiene como guarida esas canciones que no pasan de moda. Pero el tiempo es constante y los recuerdos se cansan de viajar al presente y ser rechazados y al final se resignan a quedar guardados, empujados al olvido por las nuevas vivencias y recuerdos.

Quiero un amor con cicatrices.

Quiero un amor con cicatrices, nada perfecto solo sincero, donde el alma muestre todos sus matices, un amor libre, placentero.

Quiero un amor donde las dudas sean las mejores amigas del dialogo y los gritos siempre lleven un "te amo", al igual que el final de algunos besos. Donde los "te quiero" sean tan frecuentes como los "hola".

Quiero un amor sin prisa, pero constante, donde los lujos consisten en pequeños detalles, de ésos que se vuelven recuerdos inolvidables.

Quiero un amor sencillo pero fuerte, de ésos que no llaman la atención, sin embargo, su duración le hacen dignos de admiración.

Un amor libre de excusas y lleno de ideas, donde la frase "algún día" se cambie por una fecha.

Quiero un amor con cicatrices símbolo de experiencia, que no tema vivir por miedo a perder, que comprenda que el amor es eterno al igual que la vida y ellos no son nuestros, tan solo son prestados a nuestro ser, que la muerte es ese trampolín donde ellos saltan a otro individuo, siguiendo su eterno camino.

Que comprenda que en cualquier instante se pueden esfumar, pero mientras más lo valoremos más pueden durar.

Quiero un amor sano, que sepa despedirse sin lastimar.

"Ojalá tenga suerte y encuentre uno que me acompañe hasta mi lecho de muerte".

Fracturas en el alma.

¿Por qué no la has olvidado aún? Me pregunta mi mejor amiga, viendo mi padecer con ese dolor que navega en mi inconsciente. Yo guardo silencio, sinceramente en ese momento no supe la respuesta. Pero cuando me atrapó la noche lúgubre en la soledad de mi cuarto, esa misma pregunta abrazó mi ser. Recordé las heridas de esos amores que poco o nada significan ahora, que en cuestión de unos meses sanaron.

Pero éste que me atormenta parece ser diferente por mucho.

Me sumerjo en recuerdos, detallando el origen de tantas heridas en mi alma, reviviendo procesos que van desde el dolor a la calma, los comparo con mi aflicción actual y poco a poco la duda se disipa al ir reconociendo la gran diferencia.

Es fácil superar ligeramente y archivar sin problema el origen de rasguños, cortadas, moretones y todo tipo de lesiones leves, ¡pero díganme! ¿Quién olvida con facilidad el trauma que produce una fractura en el alma? que incluso te cambia la forma de percibir la vida o el propio amor.

No se supera fácilmente esa clase de heridas que muchas veces marcan un antes y un después en nuestra existencia y en ocasiones logran atrofiar las ganas de amar y ser amado.

Debe ser por eso que este dolor en mí no ha calmado, sin embargo, tengo la fortuna y maldición de un corazón terco, romántico, apasionado, que a pesar de todas las pesadillas que enfrento en mis noches, cada amanecer palpita gritándome "quiero volver a amar por última vez". Yo no le quito la esperanza, porque aún creo en esos amores que solo la muerte del cuerpo separa.

VERSOS

Soñar haciendo

 el amor

con la

mujer

que amas

y despertar

con

 ella entre tus

brazos, cuando

vivas éso no pensarás jamás

en crear con otra mujer fuera de la
amistad, otros lazos.

Ella es un sueño.

Cuando despierto a su lado
encuentro el sol en su mirada
nubes blancas en su sonrisa y en sus labios un mar de
pasiones en que nado
un mundo donde mi alma vive extasiada.

Entonces me digo, ella es un sueño.

Cuando acaricio con mis labios suavemente su piel
sedado de amor, cautivo de su aroma embriagante
como si su cuerpo fuera una eterna luna de miel
el cual me otorga la fortuna de recorrerla diariamente
y hacerla tan mía, a veces delirar pensando que de un
ángel soy amante.

Entonces me digo, ella es un sueño.

Cuando mi alma mientras duermo la busca
para revivir la dicha de su existencia
haciendo que en todos los planos nuestro amor se
establezca
y en todos vivamos una divina experiencia.

Entonces me digo, ella es un sueño.

Cuando la perfección parece tener cabida en su ser
como si Dios la hubiera creado sin errores, por error
haciéndome sentir a veces indigno de su amor tener y a

la vez pavor a él perder
entonces confundido pienso que vivo un sueño de amor.

Y digo:
¡Ella es un sueño!

Y entonces, en un abrazo silencioso me aferro a ella
como si me aferrara al mismo cielo.
Me pregunta sorprendida -que te pasa-
Yo suspiro y susurro en su oído:

"Te amo".
Y el más divino sueño me atrapa en el calor de sus
brazos.

El amor.

En el amor.

Fue tan duro mi primer

duelo

que sinceramente no encontré

consuelo

sentí morir en tanto

sufrir

pero el final, inició la calma

y ahora más que nunca quiero

vivir.

Quizás algunos besos pueden vacunar contra la muerte,
por amor

esos besos que dejan el corazón adolorido,

pero al final nos hacen más fuertes y

agradecemos por haberlo vivido.

Si sientes.

Si sientes que llueve en tu alma, empapándote una
tristeza que no te explicas

Ora por mí

Para que cese en la mía el llanto.

No sabía que esto del desamor

es así

Un dolor extraño, aunque no se siente en mi cuerpo

tampoco lo aguanto.

Dicen que se cura con píldoras de tiempo, todos los días
me tomo una

¿no sé hasta cuándo?

Por eso, ora por mí, tú que hablas a diario con Dios

a ver si entre los dos, suplimos el tiempo por un milagro.

El tiempo a veces es cómplice de la muerte,

los milagros no.

A veces

A veces viví sin sentido

simplemente empujado por cada latido

me sentía mal en este mundo metido

donde muchos con la palabra "te amo" han mentido.

pero llegaste tú a mi vida y quedé perplejo

pensé que alguien como tú de existir estaba muy lejos

ahora por ti, de mi vida no me quejo

porque soy feliz desde que en tus ojos habita mi reflejo.

es maravilloso como un pequeño brillo en tu mirada

 tiene la capacidad de iluminarle el camino a la felicidad
en mis días

como tus ojos se vuelven coleccionistas de mis alegrías.

 realmente mi reflejo nunca se había visto tan feliz

no tanto, como ahora lo es en ti.

Ella.

Ella era todo lo que deseo de una mujer

menos mi destino.

Quizás la experiencia más hermosa que he podido tener

en mi vida y camino.

Ella fue deseo, sueño, ilusión y realidad

inspiración y poesía.

Fue amor sublime, dolor insoportable

caricia y herida.

Fue un beso de amor, del universo dado a mi alma

impregnado de versos

fue un susurro del tiempo en mis oídos hablándome

del amor y sus procesos.

Fue sabiduría que entró en mi pecho fisurándole con una anestesia

que me hacía feliz.

Quedando incrustada en mi ser, entre sangre y lágrimas, sellada

por una cicatriz.

Me duele verte así, herida.

Veo en tu cuerpo más de un morado

sé que no fue un accidente doméstico

¿cómo puede hacer eso alguien que dice estar de ti
enamorado?

¿Qué parte del amor es ésa, no me la explico?

Un hombre está llamado a proteger, cuidar, respetar...

A ustedes, aunque sean fuertes como un roble, se deben
tocar como a una porcelana

bajo ninguna razón es justificable contra sus cuerpos
atentar

quién lo hace, deja de ser hombre, es un retrógrado que
una bestia encarna.

El miedo te ordena silencio

quizás temes perder cosas que él aún te da

tal vez temes a estar bajo la mira del dedo de la sociedad

te aguantas por esas cosas, pero dime ¿a qué precio?

¿Por conservar una vida, que ya no es vida?

¿Porque lo amas y te dejaste de amar?

¿Te pidió perdón otra vez y ahora si va a cambiar?

¡No sé cuál sea el motivo! Pero, para todo mal hay salida.

Me duele verte así, herida

rota, con una mirada opaca y sonrisa fingida

puedo ver a través de la ventana de tus ojos un ángel
llorar

 luchando contra una bestia, intentando ese miedo
derrotar.

Te amo en el fondo de mi alma

¡cómo no amar lo más sublime del universo!

Mujer, si conocieras el gran valor de tu ser

tú, que portas la vida y la ayudas a emerger.

Tú, que eres parte vital de su proceso

acompañado mientras el mundo camina, buscando la cima.

Tú, que eres un cielo en reposo,

esperando que el amor llegue y reviva, esa maravilla que en ti depositó el glorioso.

Amor perdido.

¿Qué sentido tiene algo que ya no se siente?

Cuando las ganas mueren y surge la costumbre

cuando en el corazón el cariño ya no late

cuando ya no hay luz de amor que nos alumbre.

Dime qué alegría tiene un jardín marchito

o quién bebe por gusto un agua contaminada

cuando el amor se vuelve escudo del delito

simplemente de amor ya no queda nada.

Ya solo tus caricias producen ganas de esquivarlas

y tus besos carecen del fuego que me enciende

ya solo veo en ti una colección de cosas malas

y con ellas a desamar mi corazón aprende.

A veces siento que ya no encajas en mi vida

y de la tuya quiero emprender la huida

ya somos piezas rotas que dejaron de ser compatibles

simplemente somos ilusiones imposibles.

Mi felicidad se empezó a resbalar de tus manos

cuando las usaste para herirme

cuando descuidaste las razones que teníamos para
amarnos

y en vez de darme amor, lo que hiciste fue afligirme.

Hoy me voy y a mi vida le doy un nuevo respiro

le daré a mi sonrisa la oportunidad de ser sincera

hoy de tus brazos fríos emigro

en busca de un mundo en primavera.

Respuesta a canción de Vicente Fernández.

Compañero, permítame le respondo

a la pregunta que muchos nos hemos hecho

cuando sentimos que tocamos fondo

y nos duele inevitablemente el pecho.

Ser fiel a una mujer, es valorar todo su ser

amar lo que es, lo que nos brinda, apreciar eso que en su corazón palpita,

es adorar de ella, hasta eso que a simple vista no podemos ver.

Soñar haciendo el amor con la mujer que amas

y despertar con ella entre tus brazos

cuando vivas éso no pensarás jamás

en crear con otra mujer fuera de la amistad, otros lazos.

Cuando reconozcas que amar y ser amado es una
bendición

que lo demás es penumbra, espera y dolor

cuando aprendas lo sublime de esa condición

sabrás pronunciar con sabiduría, la palabra amor.

Si eres compañero como yo, creyente en Dios

sabes que respetarla a ella, es respetarlo a Él

pues en un amor verdadero, la suma no pasa de dos

y en Él y su amor encuentras la fuerza para ser fiel.

No hay necesidad de frenar al corcel que agita las ganas

solo es necesario saber conducirlo de forma adecuada

para que solamente montes en su lomo, la mujer que
amas

evitando así que, por ese corcel, tan sublime ser, sea lastimada.

Con cariño, respeto y admiración.

Quiero.

Quiero contigo mujer repetir

de nuevo ese momento volver a vivir

darles a mis sentidos el placer de sentir

el frenesí de tu ser, cuando te hacía gemir.

Quiero erizar nuevamente tu piel

con el roce preciso de mis manos y labios, en esas partes
erógenas

que te hacen estremecer

volver y hacerte revivir una luna de miel

con la combinación dulce y erótica del amor y el placer.

Tocarte cómo solo yo lo sé hacer

tocarte con mis miradas

tocarte con mis palabras

tocarte con mi respiración a la tuya sincronizada

tocarte y hacer que a la pasión te habrás.

Tocarte y hacerte sentir completamente mujer.

quiero fundirme de nuevo en ti, mujer

entrelazando nuestros cuerpos desnudos

fusionando por ese instante con amor nuestro ser

y atando nuestros corazones con nudos.

Quiero volver a interpretar en tu cuerpo el himno al
amor

ése que un día compuse en ti con mi corazón de poeta

cuando sacaba las mejores notas de gemidos, producidos
por la pasión de tu cuerpo, envuelto en sudor y calor.

Ese himno que compuse feliz porque tu corazón al amor
me abrió la puerta.

Después de tanto tiempo.

Después de tanto tiempo, la espera dio frutos

y llegaste tú como regalo divino

bendita sea la esperanza que hoy nos tiene juntos

disfrutando de un amor tan genuino.

Encontrar a alguien tan especial como tú

es como encontrar un oasis en el desierto

es como estar perdido en la oscuridad y hallar una luz

es como tener una pesadilla y por fin estar despierto.

Eres tan especial porque liberaste mi corazón del miedo

hiciste florecer sentimientos que pensé en mí
extinguidos.

demostrándome que, a pesar del sufrimiento, amar aún
puedo

que al contrario de lo que pensaba, esperarte no fue
tiempo perdido.

Eres tan especial porque sanaste por completo mi
corazón herido

porque cosiste mis alas y me enseñaste a volar

porque ahuyentaste las tristezas que tenían mi ser
afligido.

dándome motivos para volver a amar y soñar.

Por seres como tú, hasta un ateo cree en los ángeles

porque eres tú como un trozo del paraíso en la tierra

si el mundo te conociera tendrías tus propios fieles

que te llenarían con flores de primavera.

Pero soy yo quien te conoce ama y valora

quien descubrió el maravilloso ser que eres

y con justa razón todo tu ser adora

porque para mí eres única entre todas las mujeres.

¿Hasta cuándo?

Hasta cuándo esta farsa de fingir que ya no sientes nada por mí, si hasta el brillo en tus ojos te contradicen.

Dicen...

Dicen lo mucho que me amas, pero estás presa del orgullo y él te lleva a la mentira.

Ira...

Ira que me da de impotencia, tan absurdo comportamiento.

Miento...

Miento al decir a veces que me da igual, cuando por ti en silencio a Dios clamo.

Amo...

Amo, esa la única verdad, cuando se trata de ti, de tu ser, de lo que me brindas, de lo que soy junto a ti, de este amor y sus procesos.

Esos…

Esos que nos hace mejores personas, que maduran nuestra relación, eso que permite un amor perpetuo al pulirnos.

Irnos…

Irnos y esperar la oportunidad de otra relación admitiendo de ésta el fracaso, acaso crees que esa es la solución, difícil de aceptar eso, cuando en mis sueños sólo contigo mis hijos procreo.

Creo…

Creo que el amor está diseñado para valientes, solo con él se enfrenta uno a bestias como el orgullo, no es tarea fácil perdonar ni pedir perdón, pero en un mundo de imperfecciones, las cicatrices entran a ser parte de la belleza, porque sobrevivir es hermoso.

La única herida que no deja cicatriz, es la que viene acompañada de la muerte.

Espero que nuestro amor sobreviva.

Perdón.

Quisiera.

Quisiera que mi destino se topará a cada rato con tu camino

que hiciera nido en tu pecho

 para que en las noches compartamos el mismo lecho

besar tus labios y recorrer tu piel

mientras mis poemas de amor sembrados en deseos

 en tu cuerpo cosecho.

Quisiera saber cómo tu corazón flecho

cómo borro cualquier huella en tu ser de despecho

cómo hago de la palabra, "amor" contigo un hecho.

FRASES

Verte es una de mis formas
favoritas de disfrutar la vida
eres un placer que extasía todo
mi ser.

1

Déjame darle respiración

a tu amor

boca a boca

quizás reviva en un suspiro.

solo un instante

te pido.

2

Hay tanta frustración en buscar sin encontrar

cierta impotencia en tropezar con el mismo error

cómo que hemos olvidado esa alegría de encontrar sin
buscar

y más en temas como el amor.

3

La volví a ver y ya no era la misma de antes

y sinceramente

yo tampoco.

Tuve una extraña sensación de ser como dos

desconocidos con recuerdos en común.

Saludándonos con nuestros nombres completos

como ahuyentando cualquier muestra de confianza.

4

La sonrisa es ese paraguas que uso

cuando llueve en mi interior.

5

Todos los fantasmas no asustan, algunos estorban

esos que perturban y la armonía afectan

esas sombras del pasado que rozan a cada rato con
nuestro presente

y terminan sacándole ampollas a nuestra alma

llegando al punto que no consentimos que alguien
intente tocarla.

Pensar que el posible remedio es arrancar esa parte de
nosotros que está atada a ese fantasma

y reconstruirnos.

Hábitos, lugares, ilusiones que agonizan…

Morir y revivir, como el Ave Fénix.

6

A veces guardamos apegos en nuestro interior que ya
vencieron

afectos abandonados

esos sentimientos son peligrosos

intoxican el alma

le quitan a la vida su calma

incluso pueden matar esas mariposas que generan ese
no sé qué del amor que maravilla.

Me pregunto si el alma tiene alguna forma de vomitar

o si solo el tiempo es la defensa contra estos malestares.

7

El amor me parece algo tan vital para la vida

que he llegado a pensar que todo lo bueno y hermoso

emana de él.

Es justo y necesario saberlo reconocer y apreciar

aunque no es una tarea fácil

porque no he visto nada en el mundo que tenga más

impostores.

8

El alma no necesita respirar para sentir viva

solo tener porqué luchar

saber agradecer y de vez en cuando suspirar.

9

Los que no creen en el amor

tienen razón

porque ni lo conocen

simplemente lo viven confundiendo

buscando afuera lo que carece en su interior.

El mundo está lleno de incrédulos, la vida de milagros, el
amor es uno de ellos.

Detrás de un milagro hay amor, más allá de la ciencia.

10

Si pudiera…

Si tan solo pueda ir al futuro y ver por un instante la persona que será mi compañía hasta la muerte, en mi presente no malgastaría tiempo en vanas ilusiones y la esperaría paciente.

Qué bueno sería descansar del desgaste que a veces produce la búsqueda del amor.

11

Me da tristeza saber que no me alcanzará la vida para leer todos los poemas que Dios encriptó en tu ser, ni los que ya existen en tu honor, o los que te escribirán mientras yo viva.

Sin embargo, es reconfortante saber que, con solo un instante a tu lado, innumerables poemas me puedes hacer vivir.

Después de todo, no solo la poesía se puede leer en ti, también se puede besar, tocar, amar y en muchos sentidos percibir.

Porque, aunque tú no estás hecha de poesía, mucha poesía sí está hecha de ti.

12

Llegará el día en que mi silencio no te nombre

y si el mundo lo hace, ya no vendrá tu recuerdo a mi vida.

Llegará el día que, si te veo, me sorprenderé al sentirme
libre de los sentimientos que me ataban a ti,
confirmando que ya todo quedó atrás.

Ojalá no me mires y la nostalgia invada tu pecho

sintiendo que algo importante en tu vida has perdido.

13

Te amo, tan profundamente como el mar, tan
intensamente como el choque de las olas en la playa, te
amo, hasta con las partes de mi ser que aun desconozco.

14

No volveré a dar mi corazón por solo ilusión, es un error, ya aprendí la lección.

Si alguien lo quiere y es capaz de convencerlo para entregar su amor, se lo daré en consignación, a cambio de momentos de alegría y todo lo que genera felicidad en mi vida.

El día que su pago empiece al faltar, lo reclamaré sin dudar.

Jamás volveré a confiar a ciegas, el timón de mi vida.

15

Ella... ay ella es simplemente asombrosa, posee una magia que no necesita varita.

Parece tener belleza infinita, pues cada día descubro algo más que me sigue enamorando, es una belleza que no cabe completa en mis ojos y cada vez ocupa más espacio en mi corazón.

16

Cuánto daría para que toda mi vida me escuchara decir a la misma persona "te amo".

No solo unos días, meses o años.

17

Mi corazón me hizo pensar

que me había enamorado de ti

pero mi alma me recordó

que en realidad siempre te he amado así

que una vez más nuestras almas

se encuentran en el infinito

vida tras vida, lo hacen por instinto.

18

Me gustan esos silencios que dicen mucho

esos donde la sinceridad esquiva el abecedario para que
el mensaje no duela tanto

al menos aún hay piedad en el corazón que calla su voz.

Si hay algo que me encanta como ser humano

es la capacidad de manifestar y materializar el amor de
diferentes formas

tanto tangibles como intangibles

desde un detalle que dure unos instantes

hasta darle vida a una obra de arte

que se multiplique como el fuego

transportándose de corazón en corazón.

Me encanta ese momento cuando los sentidos se

embriagan con un cóctel de hormonas

y parecen cobrar esa capacidad de volar junto al alma

vivir eso tan sublime que no se puede explicar.

21

Fundirse en el fuego del amor

es más que unir dos cuerpos por instantes de pasión.

Es lograr que esas llamas que arden en ambos se
entrelacen y formen una sola.

Virtudes, fuerzas, pensamientos...

trabajando en pareja.

Y de esta forma

aunque el mundo y la vida vean una persona, en realidad
se enfrentan a dos.

22

Me enamoré del cielo que desplegó tu sonrisa en mi vida

y fui tras él

siguiendo el faro que me guiaba en el brillo de tu mirada.

23

Aún eres tanto

ya no eres todo

y de tanto en tanto

se acabará todo.

24

Muchos finales suelen ser confusos y dolorosos

llenos de incertidumbre y rechazo.

Pero al final cobran sentido

en el umbral de un nuevo inicio.

25

Verte es una de mis formas favoritas de disfrutar la vida

eres un placer que extasía todo mi ser.

26

Odio esa debilidad que tu imagen representa para mis
sentidos

Aún disimulando me veo vulnerable a ti.
Lo peor es que ya no sé ni que siento

es como un conflicto entre lo que era y lo que soy.
No sé ni contra qué lucho al verte

solo sé que siempre pierdo.

27

Tú.

Eres tan hermosa, que por ti el sol envidia la luna

porque ella puede verte incluso en las noches

cuando tu belleza con luz propia fulgura

y le toca conformarse con ver tu reflejo en los ojos de la

luna.

28

Después de ti no volveré amar igual

Amaré mejor

29

Hay vacíos en el alma

que solo el amor puede llenar

porque solo cuando actúas con amor en cualquier
aspecto de la vida

en plenitud te sentirás.

30

Recibir día a día besos de los labios que te dicen

"te amo"

sinceramente

es como cruzar un desierto con agua fresca y pura a la
mano.

Afortunados aquellos que lo viven

yo siempre me levanto con sed

y suelo toparme con espejismos

que amenazan con acabar mis esperanzas.

31

Tengo un tipo de lágrimas que no se secan

y cuando las veo con sentimientos

me provocan volver a llorar

son esas lágrimas que transmuto en letras y lloro ante el mundo

sin que me vea llorar.